SOMETIMES I WRITE POEMS AND

SOMETIMES I WRITE POEMS

———————————————

Rangel

Trans. Schimel

ISBN: 978-1-913642-77-8

Cover designed by Aaron Kent

Edited and typeset by Aaron Kent

Broken Sleep Books Ltd
Rhydwen,
Talgarreg,
SA44 4HB
Wales

Contents

sometimes I write poems and sometimes I write poems

Martín Rangel

Translated from the Spanish by
Lawrence Schimel

Traduzco para robar.

Traduzco a lxs autorxs que, luego de leerlxs,
me dejan con el siguiente pensamiento flotando en la cabeza:
¿por qué no escribí yo ese poema?.
Traducir es, entonces, mi manera de escribir esos poemas.
De ser, a través del proceso, esxs autorxs.
Leemos para ser otrxs.
Escribimos para ser otrxs,
y en ese dejar-de-ser, encontrarnos.
O perdernos, no importa.
Traduzco para robar,
y me dejo traducir para ser robado.
Para que otrxs puedan ser,
a través de mí, yo.
Para de dejar de existir
al menos durante el tiempo
que tardan esos ojos,
esas otras lenguas,
en recorrerme
(la versión de mí que el texto muestra).
Y, casi siempre, eso me alivia.
Traducir es una posibilidad de que el alivio ocurra.

I translate to steal.

I translate the authors who, after reading them,
leave me with the following thought floating in my head:
Why didn't I write that poem?
To translate is, then, my way of writing those poems.
To be, through that process, those authors.
We read to be others.
We write to be others,
and in ceasing-to-be, find ourselves.
Or lose ourselves, it doesn't matter.
I translate to steal,
and I let myself be translated to be stolen.
So that others might be,
through me, myself.
To cease to exist
at least for the time
that those eyes take,
those other tongues,
in traversing me
(the version of me that the text offers).
And, almost always, that relieves me.
Translation is the possibility of relief occurring.

un tutorial de youtube para aprender a amar sin herir al otro

me odio y tengo demasiado miedo / de mí y de ti y de las veces / que te he lastimado / que me has lastimado / intencional o accidentalmente / ojalá esta ira injusta / locura que / dispara espinas venenosas / no fuera más grande que mi serenidad / en momentos de crisis / ojalá tu perdón no me doliera / ojalá no fuera necesario pedirlo / (ni hacer las cosas que me llevan a pedirlo) / ya no sé si soy yo el yo que soy en momentos de crisis / ya no sé si soy yo el yo que soy cuando todo está bien / me pregunto si alguna vez aprenderemos a vivir con nosotros mismos / me pregunto si alguna vez aprenderemos a estar juntos / igual no importa porque nada nunca está bien / no estamos y bien / no estamos bien / no estamos bien / y quizás / nunca lo estemos

a youtube tutorial to learn to love without harming the other

i hate myself and am too afraid/of myself and of you and of the times/that I've hurt you/that you've hurt me/on purpose or by accident/if only this unfair rage/madness that/shoots out poisonous spines/was not larger than my calm/at moments of crisis/if only your forgiveness didn't hurt me/ if only i didn't need to ask for it/(nor do the things that make me ask for it)/i no longer know if i am the i who i am during a crisis/i no longer know if i am the i who i am when everything is going well/i ask myself is we will ever learn to live with ourselves/i ask myself is we will ever learn to be together/perhaps it doesn't matter because nothing is ever fine/we aren't and that's fine/we're not fine/we are not fine/ and perhaps/we never will be

a veces escribo poemas y
a veces escribo poemas

a veces escribo poemas para intentar que me perdones

a veces escribo poemas para aprender a perdonarme

a veces escribo poemas para no dejar en blanco la libreta bonita que me regalaste

a veces escribo poemas para que no los leas pero eso es imposible porque
          cuando me muera igual todo mundo los va a leer

(este no es uno de esos poemas btw)

a veces escribo poemas a mano porque hay una palabra que me gusta y siento que al
          dibujarla sobre el papel la vuelvo mía

a veces escribo poemas en la computadora cuando es de noche y no puedo dormir
          porque el sonido de las teclas me arrulla

a veces escribo poemas sobre cosas que siento y a veces escribo poemas
          para sentir cosas

a veces escribo poemas que abusan de la repetición de la palabra "poemas"

a veces escribo poemas que no son poemas pero sueñan con serlo

a veces escribo poemas que no son poemas ni quisieran jamás serlo

a veces lloro cuando escribo poemas a mano pero sólo lo hago cuando no me
          gustan y quiero que la tinta se borre

sometimes i write poems and
sometimes i write poems

sometimes i write poems to try and get you to forgive me
sometimes i write poems to learn to forgive myself
sometimes i write poems to not leave blank the pretty notebook you gave me
sometimes i write poems so that you won't read them but that is impossible because
                                        when I die perhaps everyone will read them

(this is not one of those poems btw)

sometimes i write poems by hand because there is a word that i like and i feel that if i draw it
                                        on the page i make it my own

sometimes i write poems on the computer when it's night and i can't sleep
                                        because the sound of the keys lulls me to sleep

sometimes i write poems about things that i feel and sometimes i write poems
                                        in order to feel things

sometimes i write poems that abuse the repetition of the word "poems"
sometimes i write poems that are not poems but dream of being them
sometimes i write poems that are not poems nor with to ever be them
sometimes i weep when i write poems by hand but I only do so when i don't like them
                                        and i want the ink to blur

13

a veces vomito cuando escribo poemas en la computadora sólo porque el modelo de
mi MacBook ya no me satisface

a veces escribo poemas que me satisfacen
a veces escribo poemas que odio

a veces escribo poemas sobre mi vida
pero esos son los que menos me gustan
la temática me aburre
a menudo me lastima

y nunca
nunca
me satisface

14

sometimes i throw up when i write poems on the computer just because my MacBook model
no longer satisfies me

sometimes i write poems that satisfy me
sometimes i write poems that i hate

sometimes i write poems about my life
but those are the ones i like less
the subject bores me
often it wounds me
and never
never
does it satisfy me

caminando una calle sin aceras

camino una calle
que no necesita un nombre
cuando significa miedo a
la posibilidad
—que es grande—
de ser arrollado
por un automóvil
o cualquier otra cosa capaz
de asesinarme

algo hay en las ciudades

—cierto olor a pasto

la casa donde aprendimos
a esconder
nuestros primeros escombros

la piel acartonada
de los muertos que miramos
sucederse
tras el cristal de un
féretro

formas en las nubes
que nunca pudimos adivinar
cuando bajamos la mirada
ya todo se había
quedado gris y
mudo

una calle sin aceras
imposible de andar

o

walking down a street without sidewalks

i walk a street
that needs no name
when it means fear of
the possibility
(which is large)
of being run over
by an automobile
or any other thing capable
of killing me

there is something in cities

—a certain scent of grass

the house where we learned
to hide
our first rubble

the weathered skin
of the succession of dead
we watch
through the glass of a
coffin

shapes in the clouds
we could never guess
when we lower our gaze
everything had already
turned gray and
mute

a street without sidewalks
impossible to traverse

or

la manera en que la piel
de alguien
que no necesita un nombre si
significa mar o
nunca
resplandecía—

algo hay en las ciudades siempre
un nombre
un mar
que nos obliga
aun en contra
de nuestra propia voluntad
a recordarlas

the way in which the skin
of someone
who needs no name if
she means sea or
never
shone–

there is always something in cities
a name
a sea
that forces us
even against
our own will
to remember them

decaigo como el año

del árbol soy la hoja que se desprende
y aterriza sobre un punto ciego

decaigo como el año
y de las estaciones soy
                    el desfase
la flor que brota en pleno invierno:
un desierto sobre el que no para de llover

solo en el otoño me encuentro,
en otoño coinciden
las vibraciones del mundo y de mi voz

en otoño
donde la hoja cae
sobre tu hombro adolorido
de sostener mi llanto

en otoño
cae la hoja
sobre tus párpados pesados y oscuros
cansados de sobrevivirme

cae la hoja cae como
decae el día como
decae el año
y yo con ellos
            cobrizo
                    lento
                            cubierto de un aroma a sal
                                    y muerte

i decay like the year

from the tree i'm the leaf that comes loose
and lands on a blindspot

i decay like the year
and of the seasons i am
                         the out of step
the flower that blooms in full winter:
a desert upon which it doesn't stop raining

only in autumn do i find myself,
in autumn they harmonize
the vibrations of the world and of my voice

in autumn
when the leaf falls
upon your shoulder which aches
from upholding my grief

in autumn
the leaf falls
upon your heavy, dark eyelids
tired of surviving me

the leaf falls it falls like
the day decays like
the year decays
and i with them
          copperish
                    slowly
                         covered by the scent of salt
                              and death

hay un animal de sangre que ronca en mi pecho

en noches como la nuestra
                              eternas e imposibles
un rojo matorral segado por los muertos
y el grito de una nave que anuncia su naufragio
                    mientras tanto
se deshebra el aire en el esqueleto de los árboles
y descubres que la vida no te esperará…

en los límites del corazón
sombras con mi nombre escrito se proyectan sobre tu cuerpo
y las costuras de mi piel te acechan en las pesadillas
hoy eres una espada que cercena y de la herida brotan flores
hoy la sangre reverbera y en la fractura de mi voz
se atisba un temor lejano:
la estela del recuerdo que se filtra
                              a través de todas las rendijas

there's a blood animal that snores within my chest

on nights like ours
                                        eternal and impossible
a red scrubland reaped by the dead
and the shout of a ship that announces its wreck
                        meanwhile
the air is unpicked in the skeleton of the trees
and you discover that life doesn't wait for you...

at the limits of the heart
shadows with my name written on them project upon your body
and the seams of my skin lie in wait for you in nightmares
today you are a sword that severs and flowers bloom from the wound
today the blood reverberates and in the fracture of my voice
a distant tremor can be glimpsed:
the wake of the memory that filters in
                                        through all the cracks

aves como flechas suicidas

que nadie dispara
en ningún cielo

explícame ahora
el hambre
      hay el hambre
      y hay la muerte
      y entre ellas
      apenas
      un cabello que cabe

explícame ahora
la noche
y los pasos
que no se marcan
sobre el agua

explícame ahora
la lluvia
que atraviesa
mi piel
enséñame
a tejer la vida
quítame
el temblor de las manos
enséñame
a ver en la luz
lo que no vi en sus ojos

quítame
la lengua
enséñame
a hablar
como las máquinas
simula
que existo
que sueño

birds like suicidal arrows

shot by no one
in no sky

explain to me now
hunger
        there is hunger
        and there is death
        and between them
        barely
        a hair can fit

now explain to me
night
and the steps
that leave no trace
upon the water

now explain to me
the rain
that crosses
my skin
teach me
how to knit life
remove from me
the trembling of my hands
teach me
to see in the light
what I don't see in your eyes

remove
my tongue
teach me
to speak
like the machines
pretend
that i exist
that i dream

explícame ahora
todo
lo que voy a morir
sin conocer

permíteme
mirar
el lado
opuesto de las cosas

enséñame
a disparar
flechas al cielo vacío
como aves suicidas
cansadas
de haberlo visto todo
de haber volado tanto

explain to me now
everything
i shall die
without knowing

let me
see
the opposite
side of the things

show me
how to shoot
arrows at the empty sky
like suicidal birds
tired
of having seen everything
of having flown so far

me gusta pensar que compartimos

tanto la soga como el cuello

> el signo fatal
> en nuestras frentes

una alineación involuntaria de acontecimientos
nos trajo hasta aquí
salud por eso
y porque es nuestra la mugre y
las ratas
que te asedian en sueños

nuestro es el hemisferio izquierdo
y el derecho a permanecer dormidos
más allá del mediodía

son nuestros los ardores y el peso que el caos
colocó sobre tus hombros
como un péndulo cansado y triste

nuestra la paulatina desaparición de lo que amamos

(la madera cruje sobre los pasos que
no damos aún ni jamás daremos)

la noche que nos bebimos de un trago y luego todo
se volvió borroso como un videocasete abandonado bajo la
lluvia

(deterioro del recuerdo y sus vestigios)

nuestro el cristal quebrado nuestra la explosión nuestra la sangre
la furia
en el rostro del herido

> (recordatorio de la raíz
> y la sustancia)

i like to think we share

both the noose as well as the neck

      the fatal sign
      on our foreheads

an involuntary lining up of events
brought us here
               i'll drink to that
and because ours are the filth and
the rats
who besiege you in dreams

ours is the left hemisphere
and the right to remain asleep
until after midday

ours are the fervor and the weight that chaos
places upon your shoulders
like a sad and tired pendulum

ours the slow disappearance of what we love

(the wood creaks beneath the steps
we don't and will never take)

the night we drink in a single gulp and then everything
becomes blurry like a video cassette abandoned beneath the
rain

(deterioration of the memory and its vestiges)

ours the glass shattering ours the explosion ours the blood
the fury
on the face of the wounded
                      (reminder of the root
                and of the substance)

BIG DATA

todo es pasajero y
todos somos pasajeros
   del mismo
vehículo suicida

nunca confíes en los instintos

   baja por favor
los codos de la mesa

levanta el rostro

   y sonríe

no olvides que estás siendo filmado

BIG DATA

everything passes and
we are all passengers
            of the same
suicidal vehicle

never trust your instincts

            please take
your elbows off the table

lift your chin

            and smile

don't forget that you're being recorded

amanecer

              esta ciudad
nuestra prisión atemporal
nuestro bagaje vacío de horas y de olas
nuestra iridiscencia involuntaria
nuestro pedazo de cristal en añicos
una palabra tras otra
una palabra tras otra
confundir a alguien con un desconocido
          comer solo
          fumar solo
          ver la computadora solo

he aprendido a dormir con las manos amarradas
a la locura y a camas
que me arrepiento de haber visitado
el pasado es una furia punitiva
          sin final y oscura
como un fruto oscuro que cae
de la rama imaginaria
de un árbol visto en sueños
y nunca termina de pudrirse

nunca aprenderemos a estar quietos
aprendeheremos el salto
las explosiones y los huesos rotos
el humo y el paño en el cristal
          y todo lo demás
          deja de sonar

los colores no nos tocan
y los pájaros vomitan sangre
sobre nuestra ventana y gritan
porque te lo juro que gritan
como si los estuvieran matando

daybreak

                    this city
our atemporal prison
our luggage empty of hours and of waves
our involuntary irridesence
our chunk of glass in slivers
one word after another
one word after another
confusing someone with a stranger
            eating alone
            smoking alone
            watching the computer alone

i've learned to sleep with my hands tied
to madness and to beds
that i regret having visited
the past is a punishing fury
            endless and dark
like a dark fruit that falls
from the imaginary branch
of a tree seen in dreams
and which never finishes rotting

we shall never learn to stay still
we shall grasp the leap
the explosions and our broken bones
the smoke and the cloth on the glass
            and everything else
            stops ringing

colors don't touch us
and the birds vomit blood
upon our window and they shout
I swear to you they shout
as if they were being killed

C17H21NO4

dijiste:
hay flores en todas las flores
leías un poema de anne sexton
y tu voz se deshacía
igual que una corriente arrastra
un barco de papel hacia el desagüe

yo miraba mi teléfono
invocando los frutos
que colmarían nuestro olfato de
explosiones y sangre innecesaria

dijiste
las flores
      y yo:
(cocaína es una palabra difícil de escribir
      tu madre
podría estar leyendo este poema)

tantas cosas que se rompen sin querer
la piel se rasga
se amorata y el polvo
relámpago de nácar
esa manera tan azul de florecer
que todo lo seca
que todo lo ilumina

C17H21NO4

you said:
there are flowers in all the flowers
you read a poem by anne sexton
and your voice came undone
just like how a current drags
a paper boat toward the drain

i looked at my phone
invoking the fruits
that would overwhelm our sense of smell with
unnecessary explosions and blood

you said
the flowers
          and i:
(cocaine is a difficult word to write
          your mother
might be reading this poem)

so many things break without wanting to
skin tears
it bruises and the dust
lightning of mother of pearl
that so blue way of flourishing
that everything dries it
and everything illuminates it

poeta igual a
noche anocheciéndose descalza
niño libélula biliar
monstruo velador dormido o dinosaurio
hueso tragaluz o alcantarilla
especie en peligro de ignición
permanente pánico
el gen imaginado de la duda
acertijo siguiente nivel desbloqueado
pérdida donde antes pérfidas
sol abundante y nauseabundo
probable biblia en llamas
tejido girasol o eje
comezón en tu zona de confort
pendiente como inclinación y como deuda
artículo meramente ornamental
falsas fórmulas para el placer
serpiente o parpadeo
nube a su llegada nunca más
agujeta desatada en la inocencia
sensibilidad destinada al despropósito
orquesta de un solo hombre
farmacias abiertas veinticuatro horas
superpoder cuyo poder es no poder
crimen sofocado o cresta
entropía fatal en la ocasión de ser ninguno
sombra de la sombra de tu sombra todavía

poet just like
night darkening barefoot
child dragonfly bile
sleeping monster watchman or dinosaur
bone skylight or cliff
species in danger of ignition
permanent panic
the imagined gene of doubt
riddle next level unblocked
loss where before faithless
abundant and nauseating sun
probably bible in flames
sunflower fabric or axis
burning in your comfort zone
pending as in inclination and is in debt
merely ornamental article
fake formulas for pleasure
serpent or blink
cloud on arrival never more
shoelace untied in innocence
sensitivity destined for inappropriateness
orchestra of a single man
pharmacies open twenty four hours
superpower whose power is not power
suffocated crime or crest
fatal entropy on the occasion of being nobody
shadow of the shadow of your shadow still

mayakovsky y yo

ninguna estrella es
indispensable

no hay terciopelos en mi voz
y la razón es simple:
no son
         necesarios

no es la tierra lo que grita
              soy yo
y al sueño
no lo deforman sino
           mis dedos
como si se tratara
de una barra de plastilina

el sol me mira desafiante y yo
me burlo de él
aunque sé que es imposible
escribir cielos más azules
que aquellos que ya
nos coronan y obligan
a permanecer en este
              sitio
donde no hay quien
se atreva a amarme
más allá de mi esqueleto

camino por la calle y a ningún
transeúnte miro

no hay año que pase
que no me haga pensar
en la pobreza y el modo
en que esta me acerca
a la eternidad mientras
me aleja
        del mundo

mayakovsky and i

no star is
indispensable

there is no velvet in my voice
and the reason is simple:
they are not
            necessary

it is not the land that shouts
                    it is i
and to the dream
they don't deform it but instead
                    my fingers do
as if it were
a block of play doh

the sun looks at me definantly and i
mock it
although i know its impossible
to write bluer skies
than those which already
crown us and force us
to remain in this
                        place
where there is no one who
dares to love me
beyond my skeleton

i walk down the street and look
at no passerby

there is no year that passes
which doesn't make me think
of poverty and the way
in which it brings me closer
to eternity while
it moves me further
            from the world

viviré de hambre
las balas que surcan mi país
de frontera a frontera
no podrán jamás atravesarme
pero al final no habrá
hombre dios o demonio capaz
de recordar mi nombre

(si los nombres mueren
y las palabras mueren
eso sólo significa una cosa:
hay algo más grande y yo
no sé lo que es
no puedo nombrarlo

la hondura de mi alma la olvidé
es irrelevante
lo que importa ha de estar
todavía más cerca)

sé que a la muerte llegaré
por el camino largo
sin rosas que adornen triunfales
mi ausencia

ojalá pudiera dejar de ser eterno
y morir de causas desconocidas
entre desconocidos en el mismo
lugar de siempre

mientras tanto ven
te cambio esta palabra por un
puñado de la tierra que usarán
para enterrarme

i shall live off hunger
the bullets that plow my country
from border to border
they can never pierce me
but in the end there won't be
man god or demon capable
of remembering my name

(if names die
and words die
that means only one thing:
there is something larger and i
don't know what it is
i cannot name it

the depth of my soul forgot it
it is irrelevant
what matters must be to be
even closer)

i know that death shall come
down the long path
without roses which adorn triumphant
my absence

if only I could cease to be eternal
and to die of unknown causes
among strangers in the same
place as always

meanwhile come
i'll swap you this word for a
handful of earth that they'll use
to bury me with

seguimos escribiendo poemas

no sabemos muy bien por qué
pero lo hacemos
seguimos escribiendo poemas
y a veces sentimos
que podemos arañar la membrana
que recubre la superficie de las certezas
y a veces esas certezas
huyen de nosotros como
aves que emigran y nosotros
seguimos escribiendo poemas
en contra de todo
intentando encontrar la vida
donde la vida ya dejó de habitar
seguimos escribiendo poemas
y encontrando cerradas
todas las puertas
siguiendo rutas que desembocan en el vacío
en la idea de vacío
seguimos escribiendo poemas,
obstinados,
convertimos en poesía lo que la realidad
nos ofrece
y a veces torcemos esa realidad
y jugamos con ella como si fueran legos
o plastilina
seguimos yendo en contra de la muerte
y no sabemos bien por qué
o si lo sabemos no lo tenemos claro
es cierto que todas las salidas van a eso
todo deviene poema
y todo inevitablemente muere
seremos poema y seremos muerte o
seremos poema o seremos muerte
inevitablemente así es como funciona
la memoria
esa máquina de humo

we keep writing poems

we don't quite know why
but we do so
we keep writing poems
and sometimes we feel
that we can scratch the membrane
that covers the surface of certainties
and sometimes these certainties
flee from us like
birds that emigrate and we
keep writing poems
against everything
trying to find the life
where life already stopped inhabiting it
we keep writing poems
and find all the doors
are closed
following routes that end in the void
in the idea of the void
we keep writing poems
obstinate ones
we turn into poetry what reality
offers us
and sometimes we twist that reality
and play with it as if it were legos
or play doh
we keep striving against death
and we don't quite know why
or if we know we're not sure
it's true that all exits lead there
everything becomes poem
and everything inevitably dies
we will be poem and we will be death or
we will be poem or we will be death
inevitably that's how things work
memory
that smoke machine

que nos desnuda al mirarla
que nos mira todo el tiempo
es la memoria
desgarrador todo
descomposición del instante
viaje al fondo y es
también juez la memoria
y delicada
como el oído de los cazadores
ataca sin aviso
mientras comemos
mientras miramos el teléfono
mientras soñamos
mientras estamos vivos
y seguimos escribiendo
poemas

which strips us when we look at it
which looks at us all the time
it is memory
heartrending everything
decomposition of the moment
journey to the depths and memory is
also judge
and delicate
like the hunters' ears
it attacks without warning
while we eat
while we look at our phones
while we dream
while we are alive
and we keep writing
poems

y nací agua y nací flor
de escupitajos

y nací sobre el color azul
y mi sentido del olfato
nací en otro país
pasados los veinte años
y volví a nacer aquí
pasados los veinte años
en ningún momento quise
ser eterno
serví a propósitos más realistas
como el placer
o la poesía
estudié algunos semestres de la carrera
miré al sol hasta deshacerme los ojos
innecesariamente
hoy sigo teniendo cosas que decir
como que estoy demasiado vivo
y no quiero que me falte el tiempo
pero menos quiero que me sobre

no hay suficiente amor en el mundo
nunca lo ha habido
fuera de eso no hay problemas
la moneda va a estabilizarse
van a liberar a presos y encerrarán a otros
los perseguidos perseguirán y así
no te preocupes
lo peor de las cosas es que siempre
retoman su curso

and i was born water and i was born flower of spittle

and i was born upon the color blue
and my sense of smell
i was born in another country
after i was twenty
and i was reborn here
after i was twenty
at non moment did i wish
to be eternal
i served more realistic aims
such as pleasure
or poetry
i studied a few semesters of college
i looked at the sun until undoing my eyes
unnecessarily
today i keep having things to say
like that i am too alive
and i don't want to lack time
but less do i want to have an excess of it

there is not enough love in the world
there never has been
beyond that there are no problems
money will stabilize
they shall free the prisoners and jail others
the persecuted will persecute and so on
don't worry
the worst of all is that things always
resume the course

la vida es una presa

que nuestra noche devoró
el pasado nos asedia y falla siempre
anacondas y daño irreversible:
perder los brazos
percibir la vibración de tu pelvis
tardes en que la niebla
y el dolor de estar vivo
cuando la única manera de salir
de este agujero es entrando en ti
fumar de la pipa que pintaste de morado con tu
labial morado
mientras suena música que detestamos
y tu boca se vuelve mi anochecer favorito
y mi amor se viste de negro
y sale a la calle
con una pistola en cada mano
dispuesto a lo que sea
con tal de tenerte siempre
de beber la miel de tus iris cuando el día
caiga sobre nosotros
con tal de compartir cada segundo
cada estación cada flor cada bocanada de humo
dispuesto
por nadar en las auroras que brillan en tu cuello
dispuesto
para siempre
a lo que sea

life is prey

that our night devoured
the past besieges us and always fails
anacondas and irreversible damage:
losing one's arms
noticing the vibration of your pelvis
afternoons when the mist
and pain are alive
when the only way of getting out
of this hole is by entering into it
smoking from the pipe you painted purple with your
purple lipstick
while music we detest plays
and your mouth becomes my favorite dusk
and my love dresses in black
and goes out into the street
with a pistol in each hand
ready for anything
just to have you always
to drink the honey from your iris when the day
falls upon us
just to share every second
every season every flower every mouthful of smoke
ready
to swim in the auroras that shine at your neck
ready
for forever
at any cost

"el tiempo pasa más lento cuando no puedes dormir" confirmó la ciencia

y nunca terminamos de mirar al sol marcharse
y nunca estuvimos muriendo todo se trataba de un performance
cerramos los ojos y pudimos ver flores pero no pudimos olerlas
recuerdo un rastro interminable de sudor y glitter
y música que sonaba muy fuerte   ser solamente
cuerpo   recuerdo que atravesé el espejo y no había nada
del otro lado de las cosas   no te pierdes de mucho
cosas comunes como el insomnio o los eclipses
o fracturas en el pecho o diagnósticos médicos poco alentadores
o el miedo al insomnio
                              (que a veces es peor)
de todas las cosas que he ido olvidando con el tiempo
cómo vivir es la que más echo de menos
pero seguro que alguien ya subió
un tutorial en youtube al respecto
que difícilmente me enseñará a vivir
pero seguro me entretendrá el insomnio

"time passes slower when you can't sleep" science confirmed

and we never finish watching the sun go down
and we were never all dying it was a performance
we close our eyes and could see flowers but not smell them
i remember an interminable face of sweat and flitter
and music playing strongly   to be just
body   i remember i crossed through the mirror and there
was nothing
on the other side of things   don't miss many
common things like insomnia or eclipses
or fractures of the chest or not encouraging medical diagnoses
or the fear of insomnia
                          (which sometimes is worse)
of all the things i've forgotten over time
how to live is the one i most miss
but i am sure that someone has already posted
a tutorial on youtube about this
which will hardly show me how to live
but will sure amuse my insomnia

las cosas no tienen sentido porque no te conocen

las cosas están muy mal en el mundo
dijo alguien en cualquier momento de la historia
                                        (ese ir y venir
                                        esa entropía)

y tuvo razón
la situación está fatal
y paralelamente
yo vivo uno de los momentos
más felices de mi vida
dije y me extrañé
como si fuera imposible
                            que algo así
saliera de mi boca

a veces siento que
entregamos cosas a los demás
para no tener que cargarlas y tú
te has ido haciendo de más
y más partes mías
te dije 'ya no distingo
las fronteras entre nosotros'

colocaste un dedo sobre mi labio
y dijiste

'sin murallas
sólo luz'

no sé
a veces duele sentirse tan bien
            mientras al mundo se lo lleva la chingada

things have no meaning because
they don't know you

things are very bad in the world
someone said at any moment in history

$\qquad$ (that back and forth
$\qquad$ that entropy)

and they were right
things were terrible
and in parallell
i am living one of the
happiest moments of my life
i said and it was strange to me
as if it were impossible

$\qquad$ that something like that

came out of my mouth

sometimes i feel that
we give things to others
to not have to carry them and you
have been taking on more
and more parts of me
i told you 'i no longer can distinguish
the boundary between us'

you placed a finger over my lip
and said

'without walls
just light'

i don't know
sometimes it hurts to feel so good
$\qquad$ while the world goes to hell

la escritura
el más cruel de todos los espejos
cuando devuelve la piel de aquel que escribe
agusanada
rota
verdadera casi siempre
inmune por igual
a lo visible y a lo invisible
pienso: escribir como tirar una bomba
sin implicaciones políticas
sólo una explosión
brutalidad dulcísima
re-decoración involuntaria
         de los propios interiores
reconocimiento fatal
de lo que es inevitable
digo escribir entonces
y digo también:
abrir la tierra
arrojar las semillas
cerrar la cripta

writing
the cruelest of all mirrors
when it gives back the skin of who writes
wormy
torn
almost always true
equally immune
to the visible and the invisible
i think: write like throwing a bomb
without political implications
just an explosion
sweet brutality
involuntary re-decoration
         of one's own insides
fatal recognition
of what is inevitable
i say write then
and i also say:
open the earth
throw down the seeds
close the crypt

al interior de mi nombre
es posible crecer
solamente de vacío

crezco de él y él en mí
como una sombra invisible
que es calor y cárcel
en la misma proporción

sino palabras
¿qué otra cosa para dar
al mundo?

poema: estación definitiva de la lengua
nombre: azar/enigma permanente
palabra: posibilidad/ebullición: latencia

palabra soy y en
la palabra existo
un tiempo a la vez
y a la vez un mundo

no escribo:
llamo poema
a esta palabra en blanco
(mi nombre)
y lo entrego al mundo

in the inside of my name
it is posible to grow
just from emptiness

i grow from it and it grows within me
like an invisible shadow
that is heat and jail
in equal measure

if not words,
what else can I give
to the world?

poem: definitive season of the language
name: chance/permanent enigma
word: posibilidad/flux: latency

i am word and in
the word i exist
for a time time
and at the same time a world

i don't write:
i call it a poem
this blank word
(my name)
and I surrender it to the world

Acknowledgements

This book is dedicated to my uncle Carlos Noguez. Shine on!

Both Translator & Author give thanks to the following journals and their editors, where some of these poems were first published:

"BIG DATA" and "Time passes slower..." were first published in *Modern Poetry in Translation*

'walking down a street without sidewalks' was first published in *Under the Radar*

'I translate to steal' was first published at *The Abandoned Playground*.

Disponga su desasosiego

Lightning Source UK Ltd.
Milton Keynes UK
UKHW050720281121
394730UK00003B/9